MW01715191

LA LÉGENDE DE ZORRO™

Screenplay by Roberto Orci & Alex Kurtzman
Story by Roberto Orci & Alex Kurtzman and Ted Elliott & Terry Rossio

Adaptation française
de Dominique Mathieu

Flammarion

Motion Picture Artwork and Photography © 2005 Columbia Pictures Industries, Inc.
All rights reserved.
"Zorro", the character, is a registered trademark of Zorro Productions Inc.

Screenplay by Roberto Orci & Alex Kurtzman
Story by Roberto Orci & Alex Kurtzman and Ted Elliott & Terry Rossio
Adaptation française de Dominique Mathieu
Conception graphique de Frédérique Deviller
© Éditions Flammarion pour l'adaptation française, 2005
Éditions Flammarion (n° 3113) – ISBN : 2-08163113-X
87, quai Panhard et Levassor – 75647 Paris Cedex 13

Imprimé en Belgique par Proost – 08-2005
Dépôt légal : octobre 2005
Loi n°49-956 du 16 juillet 1949 sur les publications destinées à la jeunesse.

Le garçon se glisse à travers la foule. Il a tout juste dix ans, mais son regard sous sa chevelure brune est vif et perçant. Frère Felipe, le moine responsable de la mission Santa Lucia, dit de lui que c'est une âme sauvage, fière et résolue.

La cloche de l'église vient de sonner le glas : cinq coups, le signal pour appeler Zorro.

La ville est en effervescence. Les habitants sont venus de toute la région pour voter pour ou contre le rattachement de la Californie aux États-Unis, libérant cette partie du Mexique de la domination espagnole.

L'enfant se faufile entre les jupes et les jambes, dévisage chaque homme qu'il croise. Il sait que Zorro est là. Il est prêt, en cas de besoin, à prêter main-forte à son héros.

– Aïe ! Ouille ! s'écrie-t-il soudain.

Les doigts de Frère Felipe lui pincent l'oreille.

– Joaquin ! Qu'est-ce que tu fais ici, petit garnement ? Tu devrais être en classe !

– Mais Padre, si jamais Zorro venait ?

– Je lui demanderais d'épousseter le fond de ta culotte avec le plat de son épée !

Le visage de Joaquin s'illumine.

– C'est vrai ? Vous croyez qu'il le ferait ?

– Il a malheureusement d'autres chats à fouetter. Allez, file à la maison, et tout de suite !

Frère Felipe observe la place d'un œil inquiet. Il flaire le désastre, sans savoir par où il viendra. Il s'approche du scrutateur qui, sous la protection de deux soldats, dépouille les derniers bulletins.

– Victoire écrasante en faveur d'une Californie indépendante ! annonce enfin l'homme.

La foule hurle de joie et Joaquin, perché sur une caisse à savons, agite les bras vers le ciel.

Soudain, des coups de feu retentissent.
Fusil au poing, un cavalier au visage déformé par une balafre en forme de crucifix fend la foule redevenue muette.

– Je te reconnais, toi ! lui lance Frère Felipe. Que viens-tu faire ici, McGivens ? Prêcher la bonté du diable ?
– Je n'ai pas voté, répond l'homme en haussant les épaules. Confiez-moi l'urne, et je m'en irai.

Seul un fou affronterait les soldats armés sur la place publique, à moins d'être appuyé par…

Six hommes juchés sur les toits braquent en effet leur fusil sur la foule. Les soldats, craignant un bain de sang, baissent les armes.
– Donnez-moi l'urne, répète McGivens. Je me charge de l'avenir du pays.

Le scrutateur serre le caisson contre sa poitrine. Frère Felipe le rejoint, prêt à jouer sa vie.

À l'abri des regards, Joaquin tire lentement de sa poche une fronde. McGivens, avec un soupir, pointe son fusil vers ceux qui prétendent protéger l'urne :
– Un… Deux…

Joaquin vise McGivens. Mais tout à coup, un chapeau noir fend l'air en sifflant, frappe le malfaiteur en plein sur le nez et le désarçonne. Zorro apparaît sur l'un des toits. La foule l'acclame tandis qu'il saute sur un balcon en contrebas, échappant ainsi au tir des bandits.

McGivens profite de la confusion générale pour s'emparer de l'urne et la jeter dans une charrette attelée. Il saisit les rênes et lance les chevaux au grand galop. Ses complices sautent des toits, enfourchent leur cheval et suivent la charrette.

Frère Felipe rejoint l'enfant et lance le chapeau de Zorro à son propriétaire, remonté lestement sur les toits. Le justicier masqué ajuste son chapeau et leur sourit avant de s'éclipser.

« Il connaît Frère Felipe, songe Joaquin. Mais je parie qu'il me saluait aussi... »

– Où va-t-il, Padre ?

– Il va sûrement couper par les toits et cueillir ces bandits à la sortie de la ville.

Ni le moine ni l'enfant ne remarquent deux hommes qui, ayant observé tout ce qui vient de se passer, montent en selle pour suivre les bandits à distance.

Felipe a vu juste. Zorro atteint un hangar surmonté d'une poulie avec son câble au crochet d'acier. Au même moment, la charrette et les six cavaliers débouchent sur la voie, à une centaine de mètres.

Zorro saisit le crochet et se laisse glisser à terre, puis, sans le lâcher, court pour se placer devant la charrette qui approche à toute allure. Bravant le danger, il saute sur le brancard entre les deux chevaux, accroche la griffe d'acier à l'axe de la charrette, et se laisse glisser en dessous pour rouler en souplesse au sol.

La charrette poursuit son chemin sur quelques mètres, jusqu'à ce que le câble d'acier, tendu à l'extrême, la fasse culbuter sur elle-même et éclater en mille fragments. Le câble libéré balaie la route et fauche les chevaux d'escorte.

Trois bandits gisent à terre, inertes. Les autres arment leur fusil et visent Zorro qui s'est relevé au milieu de la route, l'urne sous le bras.

– Je le veux vivant ! hurle McGivens qui mord encore la poussière.
– Bonne idée ! lance Zorro en se précipitant vers le fleuve tout proche.

Un aqueduc en bois surplombe le cours d'eau. Zorro grimpe au premier niveau, les bandits à ses trousses. L'épée à la main, il affronte le plus proche, un colosse qui fait tournoyer une grosse chaîne au-dessus de sa tête. Zorro lui coupe les bretelles avec la pointe de son épée. L'homme baisse les bras pour retenir son pantalon, la chaîne s'enroule autour de sa tête et Zorro, d'un coup de botte, l'envoie plonger dans le fleuve.
– Bois donc un coup à ma santé !

Au second niveau, le justicier masqué se débarrasse de deux adversaires bien entraînés, en faisant rouler les rondins sous leurs pieds.

Mais McGivens surprend Zorro et réussit à lui arracher son masque. Celui-ci grimpe encore pour dissimuler ses traits, ôtant ainsi son poids du rondin qu'ils partageaient. McGivens reçoit la longue bûche en pleine figure et perd ses dents avant de glisser à son tour.

Zorro coupe aussitôt un pan de sa manche qu'il perce de deux trous pour dissimuler de nouveau son visage. Puis il rejoint la route où Tornade l'attend.

– Allons rendre cette urne au peuple ! Le gouverneur doit nous attendre.

À peine sont-ils partis que les deux mystérieux observateurs rejoignent l'aqueduc et récupèrent le masque de Zorro.

Celui-ci, peu après, entre dans la cour du palais du gouverneur en brandissant l'urne intacte devant la foule qui l'acclame sous une valse de chapeaux.

Le lendemain, Joaquin se rend à l'école, conduit par sa mère, Elena de la Vega. La veille, ses parents se sont encore disputés, et Joaquin est triste.

– Pourquoi Papa n'a-t-il pas pris le petit déjeuner avec nous ? demande l'enfant.

– Il est parti... pour affaires, répond Elena.

– Il est toujours parti pour affaires. Qu'est-ce qu'il fait quand il s'en va ?

– Ton père est un propriétaire terrien... Il se réunit avec d'autres notables...

– Pour compter leur argent ? s'écrie avec mépris Joaquin.

Elena regarde son fils avec compassion. Elle se reproche de lui avoir toujours caché la vérité. Mais comment lui expliquer que son père, Don Alejandro, n'est autre que le légendaire Zorro ? Un homme marqué par le destin, adulé par le peuple, recherché par les militaires. Révéler son identité serait trop dangereux pour lui et pour sa famille.

C'était le sujet de la dispute, la veille, entre les deux époux. Avec une Californie mieux gouvernée, Elena envisageait enfin une existence normale, heureuse. Alejandro, lui, était convaincu que Zorro devait veiller encore quelques mois sur la région, jusqu'à ce que l'intégration de la Californie aux États-Unis soit officielle.

Les époux, pourtant très amoureux, s'étaient donc séparés, Alejandro ayant quitté la maison familiale le soir même.

Le cœur lourd, Elena laisse Joaquin à l'école. Plongée dans ses pensées, elle ne s'aperçoit pas tout de suite qu'elle est suivie par les deux individus qui, la veille, avaient si bien observé les exploits de Zorro.

Quand elle se sait prise en filature, la jeune femme emprunte une allée sombre. Là, armée d'une pelle, elle tente de neutraliser les deux hommes.
– Qui êtes-vous ? Que me voulez-vous ?
– Nous sommes des détectives de l'agence Pinkerton. Et vous, qui êtes-vous, Señora de la Vega : l'épouse dévouée d'un riche notable ? Ou bien une femme indépendante, captive des secrets de son mari ? demande l'un d'eux, en la menaçant d'un revolver.

L'homme, en parlant, sort de sa poche le masque noir tombé sous l'aqueduc.
– Que me voulez-vous ! répète froidement Elena.
– Le gouvernement s'intéresse aux agissements des chevaliers d'Aragon, dont l'ambition est de dominer un jour le monde. Et par quel pays commenceraient-ils, à votre avis ?
– Par le pays en voie de devenir le plus puissant du globe ? Les États-Unis ?
– Très juste. Or le pays est au bord d'une guerre civile, et notre agence craint une action révolutionnaire de grande envergure, qui serait organisée au cœur d'un nouvel État, la Californie.
– Qu'attendez-vous de moi ?
– Si nos renseignements sont exacts, vous connaissez le comte Armand de la Fare, un aristocrate français qui s'est installé voici quelque temps dans la région ?
– En effet, nous avons fait nos études ensemble, en Europe...
– Fort bien. Vous allez renouer votre amitié, devenir sa confidente... le séduire en somme. Et nous rapporter tout ce que vous découvrirez sur lui, sa propriété, ses activités.
– Et si je refuse ?
– L'identité de Zorro sera connue de tous. Et il sera alors la cible de ceux qui voudront revendiquer sa mort.

Elena est prise au piège. Pour protéger Alejandro et les siens, elle doit à tout prix empêcher une telle révélation. Par ailleurs, séduire le richissime et élégant comte Armand en attisant la jalousie d'Alejandro ne manquerait pas de piquant...
– J'accepte, déclare-t-elle finalement. Comment pourrai-je vous contacter ?

Les mois passent, et le jour approche où la Californie sera officiellement un État autonome.

À l'école, Joaquin écoute attentivement le récit des grands événements de l'histoire de la Californie, auxquels Zorro a souvent contribué... à l'inverse de son père qui ne semble pas se soucier des affaires du peuple. Cette pensée le met de mauvaise humeur. Le professeur pose une question :
– Que signifie pour nous le fait de devenir un État américain ?
– Nous ferons partie d'un pays plus vaste et plus puissant ! déclare un élève.
– Nous ne dépendrons plus d'un Mexique pauvre, soumis au gouvernement espagnol...
– Qui est trop loin pour se soucier de nous !
– Bien... Et toi, Joaquin, qui rêvasses dans ton coin. Que représente pour toi l'indépendance ?

Statehood

– C'est quand le peuple se soulève contre le tisonnier brûlant de l'oppression !
– Ah ! Et où est-il, ce tisonnier ?
– Au milieu de ta figure ! s'écrie l'enfant, en sautant sur son bureau, sa règle à la main telle une épée.

Il s'ensuit un formidable chahut. Alors que le maître essaie de corriger l'élève rebelle, celui-ci bat en retraite vers une fenêtre ouverte, saute sur le mât de drapeau qui se dresse à l'extérieur, et se laisse glisser au sol pour se retrouver… face à son père, venu le chercher.

– Tu as de la chance qu'ils ne te renvoient pas ! gronde Alejandro en quittant l'école un peu plus tard. Pourquoi diable te bagarres-tu sans cesse ?
– Papa, tu ne peux pas comprendre. Il faut toujours se battre !
– Qui le dit ?
– C'est lui qui le pense ! s'écrie Joaquin en montrant du doigt le Z peint sur un mur.
– Écoute, *muchacho*, Zorro te dirait lui-même que se battre, ce n'est pas bien.
– Comment peux-tu le savoir ? Toi, tu ne te bats jamais, même pas pour garder Maman… Et à l'école, tout le monde se moque de moi parce que tu as quitté la maison !

Alejandro ne sait pas quoi répondre. En effet, la rumeur veut que Doña Elena ait été vue ces derniers temps au bras du richissime comte Armand. Bouillant de jalousie, Alejandro ne peut supporter en plus l'idée que son fils soit humilié par sa faute.

Chemin faisant, une violente dispute interrompt Joaquin et Alejandro dans leur conversation. McGivens menace Guillermo et Bianca Cortez, des amis du Señor de la Vega.

– Ma patience a ses limites, Cortez. Je t'ai fait une offre honnête pour ton terrain, aboie le balafré.
– Dites à vos employeurs du chemin de fer que nous ne vendrons jamais ! s'écrie Bianca.

Menaçant, McGivens s'approche de Guillermo. Il va pour le frapper, mais Alejandro intervient.
– Ils vous ont dit qu'ils ne veulent pas vendre, monsieur. C'est clair, non ?
– Nous serions-nous déjà rencontrés ? fait McGivens en se tournant.
– Je me souviendrais d'un homme avec un dentier de bois.
– Et moi, d'un petit Mexicain qui se prend pour un Blanc.

Alejandro se retient de corriger l'insolent devant son fils. McGivens, sentant son hésitation, le gifle. L'intervention de Guillermo et d'un gardien de la paix évite une bagarre en pleine rue, mais Joaquin est plus que déçu par la lâcheté de son père.

Le soir même, Alejandro se rend à une grande soirée organisée par le comte Armand. Elena est présente, et agit en véritable maîtresse de maison, allant jusqu'à danser avec le comte.

Fou de jalousie, Alejandro se conduit grossièrement. Finalement, à bout de nerfs, il quitte le manoir et retrouve Tornade.

Prêt à monter en selle, il s'essuie le front avec un mouchoir quand soudain un souffle puissant le lui arrache des mains. Un éclat de lumière blanche et aveuglante illumine le sous-bois, sans le moindre bruit.

Alejandro, projeté en arrière contre un tronc d'arbre, lève le bras pour se protéger les yeux, tandis qu'une odeur âcre lui brûle les narines et la gorge.

C'est alors qu'un paysan accourt, terrifié.
– *El fuego del diablo !*
– Qu'est-ce que tu racontes, le feu du diable ? demande Alejandro en soutenant l'homme abasourdi.
– Ça vient la nuit... toujours la nuit. À des endroits différents. Le diable rôde dans ces bois, Señor !

Alejandro observe les arbres, puis le manoir d'où émanent encore les flonflons de la fête. « Armand, si tu joues avec le feu, tu finiras par te brûler, songe-t-il. Parole de Zorro ! »

Le lendemain après-midi, Elena et Armand prennent le frais en calèche. Elle remarque au doigt du comte une bague étrange, figurant un serpent qui encercle le globe terrestre.
– L'emblème de ma famille, lui explique-t-il.

Lorsque le comte s'éloigne un instant, Alejandro, dissimulé dans la foule, s'approche d'Elena.

– À propos d'hier soir...
– Je te pardonne, dit-elle froidement.
– Non, je veux parler de l'explosion...
– Qu'est-ce que tu racontes ?

La cloche de la mission sonne le signal de Zorro.
– Va ! reprend Elena, puisque le devoir t'appelle !

Et elle le salue.

Alejandro se rend à l'église. Depuis sa séparation d'avec Elena, il a trouvé refuge chez Frère Felipe, son confesseur et ami, qui l'attend avec impatience ; il le pousse à aller sauver les époux Cortez, en grand danger.

Zorro rejoint leur ferme, et trouve déjà à l'œuvre la bande de McGivens. Celui-ci tient Bianca, et lui presse son couteau contre la gorge. Le justicier masqué se glisse juste derrière le bandit et lui pique la nuque avec la pointe de son épée.
– Lâchez vos armes, vous tous ! commande Zorro. Et vous deux, regagnez la maison.

Bianca et Guillermo s'exécutent, tandis que les bandits déposent leurs armes en grognant. Zorro pousse McGivens vers l'abreuvoir.
– Dis à tes employeurs du chemin de fer que leur temps est compté, et que vous ne réussirez pas à extorquer la propriété de ces pauvres gens.

– Tu ne sais pas dans quoi tu fourres ton nez ! lui assure le bandit.
– Toi non plus, rétorque Zorro en l'envoyant d'un coup de pied plonger dans l'eau de l'abreuvoir.

D'un bond, il franchit la clôture de bois, cherchant ainsi à diviser les bandits. Trois d'entre eux se lancent à ses trousses, tandis que les autres essaient de s'introduire dans la maison. Un homme tente de forcer la porte d'un coup de pied, et reçoit une décharge du fusil de Guillermo. Les autres se réfugient derrière l'abreuvoir et ripostent par un tir de barrage.

Malheureusement, alors que Zorro vole au secours de Bianca dans la grange en flammes, McGivens réussit à pénétrer dans la maison, et tue Guillermo d'un coup de revolver dans le dos avant de s'enfuir.
« Je t'aurai, McGivens, jure Zorro. Tu viens de signer ton arrêt de mort. »

Quelques jours plus tard, Elena envoie par pigeon voyageur un message aux deux agents de la Pinkerton : « Invitée chez Armand ce soir. Espère en savoir plus. »

Au cours du savoureux dîner en tête-à-tête, le comte fixe Elena intensément :
– Elena, j'ai quelque chose à vous dire... Cela fait dix ans que...

« Aïe… il va me demander de l'épouser ! » songe la jeune femme, un peu paniquée.
– Permettez-moi de vous poser d'abord une question, mon ami…
– Je vous en prie, très chère.
– Où sont les toilettes ?

Elena a une idée en tête : intriguée par une chapelle toujours fermée à clé au bout du couloir, elle aimerait y jeter un coup d'œil. Elle y pénètre sans mal en forçant la porte à l'aide d'une épingle à cheveux.

Une tapisserie recouvre l'un des murs, portant l'emblème de la bague du comte : un serpent encerclant le globe. Son attention est alors retenue par un cliquetis étrange. En tâtonnant, elle découvre sous la tapisserie un récepteur télégraphique imprimant un message : « Félicitations réussite tests explosifs. Stop. Arriverons demain pour ultime assemblée. Stop. *Orbis unum*. Stop. »

Pendant qu'Elena mémorise le texte, Zorro escalade le mur extérieur du manoir.

En effet, après avoir déposé Bianca et son enfant en lieu sûr, il s'est lancé sur les traces du tueur… qui l'ont conduit ici, à l'hacienda de la Fare. Zorro s'introduit en silence dans un salon ; là, il aperçoit, sur le mur, une carte d'Amérique où sont tracées des voies ferrées.
« Elles se rejoignent et mènent ici, jusqu'au vignoble ! » constate-t-il.

Un bruit de pas l'oblige à se réfugier dans la cheminée juste au moment où Armand entre, accompagné de McGivens. Zorro n'a qu'une question en tête : le comte serait-il responsable de la mort de Guillermo Cortez ?

Justement, Armand reproche à McGivens le retard pris sur le raccord de la voie ferrée, au niveau de la ferme des Cortez. McGivens explique l'entêtement du Mexicain et l'intervention de Zorro, mais Armand se montre intraitable. Quand le bandit proteste grossièrement, le comte le domine physiquement et menace de lui couper la langue. La culpabilité d'Armand ne fait plus aucun doute !

De son côté, Elena a quitté la chapelle et se dirige vers la salle à manger quand elle entend venir quelqu'un en sens opposé. Craignant d'être prise à fouiner, elle se glisse par une fenêtre et se retrouve sur un rebord, à une dizaine de mètres de hauteur.

Un froissement l'effraie, mais elle se retrouve nez à nez avec Zorro.
– Qu'est-ce que tu fais là ? Je t'ai pourtant dit de me ficher la paix ! lui reproche-t-elle sèchement, dominant ses élans passionnés.
– Elena… Guillermo est mort. Abattu comme un chien. Je n'ai pas pu l'empêcher. Armand avait besoin du terrain des Cortez pour y faire passer la voie ferrée. Il mijote quelque chose…

Ils entendent soudain un bruit à l'intérieur. Elena jette un regard inquiet à Alejandro, qui s'éclipse dans la nuit.
– Elena ? lance Armand. Ah ! vous voilà, très chère !

Le comte approche les bras ouverts, prêt à l'enlacer. Elena se retourne. Elle est pâle.
– Excusez-moi, je suis sortie. J'avais besoin de prendre l'air, explique-t-elle en toussant énergiquement. Mais j'ai dû avaler la fumée de travers.

À deux jours de la cérémonie officielle d'intégration de la Californie aux États-Unis d'Amérique, Joaquin visite avec sa classe le site où fut hissé le drapeau californien pour la première fois.

Un chariot s'approche du point d'eau voisin. Il est chargé d'hommes aux allures inquiétantes. Joaquin sursaute en reconnaissant le conducteur, l'infâme McGivens. Heureusement, lorsque celui-ci descend à terre pour remplir sa gourde, il ne reconnaît pas le garçon à la fronde. Impulsif et imprudent, Joaquin se glisse discrètement sous le chariot et s'accroche aux essieux.

Au terme d'un voyage inconfortable et périlleux, Joaquin se rend compte qu'ils se sont arrêtés près de l'océan. McGivens et ses hommes s'éloignent vers le bord d'une falaise surmontée d'une grue en bois et, par un petit chemin creux, descendent rejoindre un groupe d'hommes sur la plage. Tous s'affairent à débarquer des caisses.

Joaquin grimpe sur des rochers d'où il peut observer la scène. Mais, deux hommes restés près du chariot découvrent sa présence et le capturent non sans difficulté, car le garçon se défend farouchement. L'un d'eux, furieux, lève son sabre. Joaquin se crispe… et entend comme un froissement d'ailes suivi de coups sourds. Ses agresseurs plongent en hurlant dans le vide.

C'est Zorro ! Il relève Joaquin abasourdi, puis se penche pour saluer les bandits sur la plage. Tous, McGivens en tête, remontent la falaise, excepté deux hommes qui restent à veiller sur les caisses.

Sans perdre un instant, Zorro soulève Joaquin et l'assoit sur la selle de Tornade.
– Emmène cet intrépide aventurier derrière ces rochers, *amigo*, et attends-moi. Je n'ai pas tout à fait terminé.

Sitôt dit, le justicier masqué se laisse glisser le long du câble de la grue pour atterrir sur la plage derrière les gardes et les assommer.

Les caisses portent un étrange blason : un serpent encerclant le globe terrestre. Zorro les ouvre toutes : elles contiennent… des barres de savon. Étonné, il en renifle une. Rien d'anormal. Il l'empoche cependant pour mieux l'examiner plus tard, et remonte, sous le couvert des buissons, rejoindre Joaquin et Tornade.

– Ton père ne te pardonnerait jamais de prendre de tels risques ! dit-il à Joaquin, lorsqu'il est revenu à sa hauteur.
– Pensez-vous ! Il se fiche pas mal de ce que je fais. Hier, il a même oublié de venir me chercher.
– La prochaine fois, il sera au rendez-vous. Tu verras.
– Qu'est-ce que vous en savez ?
– Il viendra. Je te le promets.
« Le jour approche où je n'aurai plus besoin de simuler », se dit Alejandro.

Alejandro et Frère Felipe cherchent dans une encyclopédie l'origine du symbole du serpent. Le moine traduit sans peine *Orbis unum* : « un monde unique ». Ils découvrent ainsi l'existence des chevaliers d'Aragon et leur diabolique ambition.
– Ils voudraient donc anéantir l'Amérique… armés de barres de savon ?! s'étonnent les deux amis.

Alejandro quitte la mission sans se rendre compte qu'il est suivi par l'un des agents de la Pinkerton. L'homme s'approche et le pique avec une aiguille si fine qu'il ne sent rien. Soudain las, il hèle une carriole dans laquelle il grimpe avec difficulté. Le cocher n'est autre que le deuxième agent.

Lorsqu'il revient à lui, Alejandro est enfermé dans une cellule de la prison. Les agents lui montrent leur insigne et le masque qu'il avait perdu à l'aqueduc. Alejandro apprend qu'ils exercent un odieux chantage sur Elena pour enquêter sur le comte Armand, qu'ils suspectent de préparer un acte criminel de grande envergure.

– En fait, ta femme va visiter le vignoble ce soir, et prendre de grands risques pour espionner la réunion qui s'y tiendra. Quant à toi... Il y a une forte récompense pour qui ramènera Zorro, mort ou vif.

– Pour des « bons », vous êtes plutôt mauvais ! s'exclame Alejandro.

Pendant ce temps, Joaquin a vu partir sa mère au bras d'Armand. Il a assisté, sans être vu, à leurs échanges affectueux. Si son père manque à ses devoirs, ce sera lui, Joaquin de la Vega, qui défendra l'honneur de sa mère. Aussi s'est-il donné une mission : provoquer le comte en duel. Comme le choix des armes revient à l'offensé, ce sera bien sûr la fronde !

Joaquin échappe à la surveillance des domestiques, et enfourche son âne. Arrivé en ville, il entre dans le saloon et demande le chemin de l'hacienda de la Fare. Mais le patron des lieux le jette dehors.

Dans la rue, il est surpris car une voix familière l'appelle. Une main s'agite, puis un visage se dessine derrière les barreaux d'une petite fenêtre.

– Papa !

– Joaquin ! Que faisais-tu dans un bar ?

– Et toi, qu'est-ce que tu fais en prison ?
– Dis-moi d'abord.
– Je t'ai cherché partout. Un homme est venu à la maison. Il a demandé à Maman de l'épouser, et elle a accepté ! Il veut nous emmener en Europe, mais moi, je ne veux pas.
– Joaquin, écoute-moi ! s'écrie Alejandro, touché par les larmes de son fils. Il faut que tu me sortes d'ici. Je ramènerai Maman. Nous serons de nouveau une vraie famille, je te le promets !

L'enfant choisit de faire confiance à son père. À l'intérieur de la prison, des gardes jouent aux cartes. Dissimulé derrière un bureau, le garçon sème la discorde à coups de fronde. Il réussit ainsi à s'emparer des clés de la cellule, et il libère son père. Mais au moment où ils vont sortir par la porte arrière, trois gardes armés leur barrent le chemin. Alejandro fait mine de prendre Joaquin en otage, et utilise la manière forte pour neutraliser ses adversaires. Son fils le regarde bouche bée.
– Où as-tu appris à faire ça ?
– Tu sais, la prison, ça change un homme...

Un peu plus tard, devant la mission, Alejandro confie son fils à Frère Felipe avant de se rendre chez le comte Armand.

Joaquin s'écrie, furieux :
– Tu ne peux pas me laisser là ! Je viens de te sortir de prison, je peux encore t'aider...

– Je n'y vais pas pour me battre, mais pour négocier, rétorque Alejandro.

Son fils le regarde avec mépris.
– Tu ne mérites pas Maman ! s'écrie-t-il tandis que Frère Felipe l'entraîne doucement.

À l'hacienda de la Fare, le comte est occupé à recevoir ses visiteurs. Elena en profite pour sortir explorer, en secret, le vignoble.

Là-bas, des hommes richement vêtus, précédés par Armand, pénètrent dans la salle des cuves. Elena les suit de loin, mais l'entrée de la salle est gardée par un homme armé.

Elena, dans l'ombre, fait rouler une bouteille pour attirer l'individu, qu'elle assomme avec une autre bouteille. Elle s'empare de son épée et s'avance vers la porte, quand trois gardes la surprennent. Elena les attaque au fer, mais, très vite, elle se trouve en fort mauvaise posture. C'est alors qu'une silhouette noire et familière apparaît :

– La partie est inégale, messieurs : vous allez y laisser

des plumes, car la dame est experte. Souffrez que je vous montre quelques parades…

En duo redoutable, ils se débarrassent des gêneurs et se lancent à la poursuite des mystérieux visiteurs. Cachés, ils assistent alors à une scène étrange.

– *Orbis unum* ! lance le comte Armand.

Et les visiteurs, assis face à lui, répondent de même. Puis le comte leur expose le plan diabolique qui permettra à l'ordre des chevaliers d'Aragon d'accomplir la prophétie des ancêtres, c'est-à-dire d'anéantir le plus puissant pays du monde en profitant de la guerre civile qui s'y prépare.

– La distribution massive de ces barres de savon dans les rangs de l'armée sudiste permettra l'effondrement rapide de la nation.

Armand leur montre une barre et un flacon de liquide, et poursuit :

– L'extraction de la glycérine contenue dans chaque barre donnera l'équivalent de nitroglycérine contenue dans cette fiole.

Il conduit ensuite son assemblée jusqu'à un train de six wagons, dont quatre sont chargés de caisses de bouteilles de vin pleines de nitroglycérine.

Armand, appelé par son valet, doit quitter le groupe de chevaliers médusés.
– Il rentre au manoir ! souffle Elena. Je suis censée l'attendre au salon !
– Alors file, conseille Zorro. Je m'occupe du train !

À l'autre bout de la ville, McGivens ouvre la porte de la chapelle d'un violent coup de botte. Il entre, suivi de quelques hommes, et interroge Frère Felipe, qui cherche en vain à protéger Joaquin.
– Qui est Zorro ?
– Oh ! Zorro, vous savez, ce peut être n'importe qui, répond le moine, bon enfant.

Les bandits ont alors recours à la force. Felipe et Joaquin se défendent comme des lions, mais McGivens, exaspéré, tire à bout portant sur le religieux, qui s'écroule.
– Vous l'avez tué ! hurle Joaquin. Vous avez assassiné Frère Felipe !
– Allez, vous autres, emmenez ce maudit gamin. On part chez Armand !

Par chance, Elena a pu regagner à temps le salon. Le dîner se déroule calmement, lorsque le comte lui demande :
– Cela vous plaît, très chère ?
– C'est exquis. C'est une caille ?
– Non. C'est du pigeon !

Elena reconnaît avec horreur la bague d'argent sur l'une des pattes de l'oiseau dans son assiette.
« Le pigeon voyageur ! Mais alors... il sait tout ! » se dit-elle.

Sans plus feindre, elle se précipite dans la cuisine déserte, tente d'ouvrir plusieurs portes. Toutes sont fermées à clé, sauf une. Celle d'une chambre froide où sont suspendus, parmi des quartiers de bœuf, deux cadavres humains. Ceux des agents de la Pinkerton.

Ferroq, l'homme de confiance d'Armand, attrape Elena. Le comte s'approche.
– On ne voit pas ceux qu'on aime tels qu'ils sont vraiment, dit-il d'un ton déçu.
– Vous n'imaginiez tout de même pas que j'allais tomber amoureuse du couard sadique que vous êtes !

Un bruit de pas résonne dans la salle adjacente. McGivens apparaît, poussant Joaquin devant lui.
– Le moine est mort. Le gamin est témoin ! annonce le tueur.

Joaquin se précipite dans les bras de sa mère.
– Je te demande pardon, Maman...
– Allons, tu n'y es pour rien, mon amour, murmure Elena.

Armand la contemple. Il emmènera la mère et l'enfant dans son pays. Avec le temps, il saura dompter la rebelle qu'il aime aveuglément et enseignera les bonnes manières à son enfant.

Pendant ce temps, avec une bouteille de nitro et une longue mèche, Zorro fabrique une bombe capable de faire sauter le vignoble entier. Il déroule la mèche sur une trentaine de mètres et l'allume. Puis il siffle Tornade, lorsque survient une diligence, escortée par McGivens et sa bande. Mauvais signe. D'autant plus que le véhicule s'arrête devant la salle des cuves, juste en face de la bombe, et que le comte en descend, poussant devant lui Elena et Joaquin !

Zorro fait demi-tour et longe le train au galop, tandis que la mèche continue de brûler. Là-bas, le comte s'apprête à faire monter Elena et Joaquin dans le train, sous la garde de Ferroq et de McGivens, entouré de sa bande.

Les chevaliers d'Aragon sont là aussi. Armand les salue, affichant un sourire :

– À bientôt, messieurs. Nous nous reverrons dans un monde meilleur...

La mèche est presque consumée. Une ombre file le long du train.

– Zorro ! s'écrie Joaquin en se précipitant vers son héros.

Le comte se retourne, incrédule. Nonchalant, McGivens arme son revolver et vise l'enfant.

– Non ! hurle Elena.

Le coup part au moment où Zorro plonge sur Joaquin pour le protéger. La balle lui brûle l'épaule, mais il se relève et plonge de nouveau vers la bouteille qui, la mèche consumée, amorce sa chute. Zorro la reçoit dans ses mains avec une précaution infinie.

– Merci de m'avoir attendu ! lance-t-il à l'assemblée pétrifiée.

Sur un signe d'Armand, un garde saisit Joaquin, tandis que Ferroq presse un couteau contre la gorge d'Elena. Le comte reprend possession de la bouteille et ordonne :

– Jetez votre épée.

Zorro s'exécute. McGivens s'approche alors et lui assène un coup au ventre qui le fait tomber.

– Enlevez-lui son masque, ordonne le comte.

McGivens obéit.
– Vous ! s'exclame-t-il en reconnaissant Alejandro de la Vega.
– Ah ça, c'est la meilleure ! s'esclaffe Armand.

Le plus confus, c'est Joaquin, qui ne dit mot. Son père, c'est Zorro ! Son père lui a sauvé la vie à plusieurs reprises et lui, en retour, l'a tant méprisé !

Elena et Joaquin, sous la garde de Ferroq et d'Armand, montent dans le train, qui démarre. Alejandro, lui, reste aux mains de McGivens.
– Dommage pour ton ami le moine, j'ai dû lui régler son compte, raille McGivens, le couteau à la main. Mais tu vas le rejoindre tout de suite...
– Après toi, charogne ! rétorque Zorro en lui décochant un coup de genou bien placé.

L'homme roule au sol en hurlant de douleur. Zorro rattache son masque.
– On reprend à zéro ! dit-il aux gardes et aux prétendus chevaliers.

Zorro prend sans peine l'épée du premier garde qui l'attaque, puis charge comme un démon le groupe le plus hardi. McGivens, toujours au sol, s'empare de son revolver, et s'apprête à abattre Zorro dans le dos, quand quelqu'un toussote derrière lui. Il se retourne et pâlit.
– Je t'ai tué, toi !

Frère Felipe se rue sur lui et le désarme en le rouant de coups.

– Je croyais que tu chantais avec les anges, Padre ! lui lance Zorro.

– Les anges n'ont pas encore voulu de moi ! réplique Felipe, qui sort de sous sa robe son crucifix tordu, une balle incrustée dans le métal.

Zorro saisit l'ignoble McGivens.

– Nous avons plusieurs comptes à régler, toi et moi, à commencer par le meurtre de Guillermo Cortez...

Et, d'un coup de poing fulgurant, il envoie le bandit s'étaler sous une poutre d'où tombe une petite goutte de nitroglycérine, mettant fin à ses jours. Felipe, en attendant, a mis en déroute ce qui restait des gardes.

Zorro siffle Tornade et prend congé de son ami.

– Merci, Padre, je te dois la vie !

– Où vas-tu ?

– J'ai un train à prendre...

Dans le wagon de tête, Armand savoure son triomphe. Mais pas pour longtemps... Il relève un store pour voir défiler le paysage, mais c'est le visage masqué de Zorro qui apparaît au premier plan.

Il n'a pas le temps de réagir. La vitre vole en éclats, et un poing ganté de noir le frappe en plein visage, l'envoyant se cogner contre la paroi opposée.

Soudain, le train redouble de vitesse, secouant les wagons… et les bouteilles d'explosif. Zorro, essayant en vain de grimper sur la locomotive, a neutralisé le chauffeur. Celui-ci est tombé sur le levier de commandes, et l'a coincé au régime maximum. Tornade ne peut rivaliser de vitesse avec la puissante machine qui les devance petit à petit. Heureusement, une montée du terrain lui permet, sous la pression de son cavalier, de sauter sur un wagon plat.

– Bien joué, *amigo* !

Sans perdre un instant, Zorro s'élance vers la locomotive en sautant d'un toit de wagon à l'autre. Mais Armand, perché sur la première voiture, lui barre le chemin. Un duel furieux s'engage.

Profitant de la confusion générale, Elena entraîne Joaquin jusqu'au bout du second wagon et lui ordonne de passer dans la voiture suivante.

– Joaquin, écoute-moi bien. Je vais détacher ton wagon. Quand il s'arrêtera, descends et suis la voie ferrée jusqu'à la ville…

– Non, Maman ! Et toi ?

– Obéis ! Je vais aider ton père à arrêter ce maudit train !

– Mais c'est Zorro, et je veux l'aider aussi ! Ce n'est pas juste…

Elena a retiré la goupille d'attelage. Déjà son fils s'éloigne. Elle lui envoie un baiser et rebrousse chemin. Elle se trouve soudain nez à nez avec l'infâme Ferroq.

– Où est l'enfant ?

– Parti ! Envolé ! Tu ne le trouveras jamais, misérable larbin !

– Mon maître te veut vivante, ricane-t-il en ouvrant son couteau. Mais un accident peut vite arriver…

Ils se battent. Ferroq découvre l'adresse d'Elena au combat, et éprouve de grandes difficultés à maîtriser la situation. Il croit enfin la poignarder, mais elle s'esquive. Le couteau perce un tuyau de vapeur comprimée qui lui brûle le visage et l'aveugle.

Elena lui fourre une bouteille de nitro dans le pantalon et le pousse hors du train. Le valet fait un vol plané jusqu'aux pieds du colonel Beauregard, qui attendait là, avec un peloton de soldats sudistes, la livraison des caisses d'explosifs.

Seul un cratère vide marque l'endroit, tandis que le train poursuit sa course folle.

La file des wagons s'est enfin arrêtée. Joaquin traverse la première voiture et se trouve face à Tornade, qui attend patiemment dans le wagon plat. Sa surprise passée, le garçon monte en selle et galope vers la ville en coupant par les collines.

Plus loin, sur la voie ferrée, au site historique où flotte le drapeau de la Californie, le gouverneur Bennett Riley, debout sur la plate-forme d'un wagon orné de drapeaux, prononce son discours d'inauguration devant une foule enthousiaste.

Du haut des collines, Joaquin contemple la scène. Il voit au loin le train qui s'approche rapidement sur les mêmes rails, et réalise avec horreur qu'il est toujours incontrôlé.

Des cris s'élèvent au même instant.

La foule, prise de panique, commence à courir dans tous les sens.

– Il faut faire quelque chose ! s'écrie Joaquin.

Alors il talonne Tornade, descend vers la plaine, et découvre une bifurcation de la voie ferrée, contrôlée par un échangeur.

Soudain, l'enfant sait ce qu'il doit faire. Mais l'échangeur est bloqué. Le garçon a beau pousser, tirer, donner des coups de pied, rien n'y fait, et le train s'approche toujours à vive allure. Derrière lui, Tornade hennit, se dresse sur ses postérieurs, et frappe de ses sabots antérieurs le levier qui cède enfin. Le train, balançant dangereusement, vire au dernier moment pour s'engager dans la voie de dépôt.

Sur la locomotive, le combat mortel se poursuit.

Armand a pris l'avantage et place tout son poids sur son poignard, dont la pointe pique la poitrine de Zorro.

Mais la main d'Elena vient retenir le poignet du comte, qui hurle de rage. Un coup derrière la tête l'aveugle momentanément et il se retrouve accroché dans le vide, sur le devant de la chaudière.

Zorro et Elena s'enlacent brièvement.

– Et Joaquin ?

– Il est hors de danger. Il est temps de descendre, et de le retrouver, tu ne crois pas ?

– Mieux vaut monter, affirme Zorro en préparant son fouet. Tu me fais confiance ?

– Tu sais que je te suivrais jusqu'en enfer.

– Plus tard, *mi amor*. On a encore le temps. Accroche-toi à moi.

Le fouet s'enroule autour d'une barre de soutien d'un réservoir d'eau situé le long de la voie. Le couple s'élève hors du train pour revenir se poser en souplesse sur la terre ferme.

La locomotive fonce vers le dépôt. Collé à l'avant de la locomotive, Armand voit surgir droit devant lui les portes d'acier.

« Non ! C'est impossible ! Nooon... »

Le gouverneur Riley signe le traité. Un certain Abraham Lincoln, délégué du Congrès et futur président des États-Unis, félicite publiquement le légendaire Zorro.

– Papa ? l'interroge plus tard Joaquin, lorsqu'ils sont tous trois réunis. Pourquoi ne m'as-tu jamais dit qui tu étais ?

– Quand tu es né, mon grand, je me suis promis de consacrer ma vie à te protéger. J'ai cru bon, pour cela, de te cacher la vérité. Mais ta mère avait raison... Ce n'était pas mon secret, c'était le nôtre. Et j'ai eu tort de te mentir.

Alejandro étreint son fils. Puis Joaquin le prend par la main et lui sourit.

– Tu resteras toujours Zorro, hein ?